Le Navet Géant

The Giant Turnip

Adapted by Henriette Barkow

Illustrated by Richard Johnson

French translation by Annie Arnold

Chaque année les enfants de la classe de Mademoiselle Honeywood faisaient pousser des fruits et des légumes dans le jardin de l'école.

Every year the children in Miss Honeywood's class grow some fruit and vegetables in the school garden.

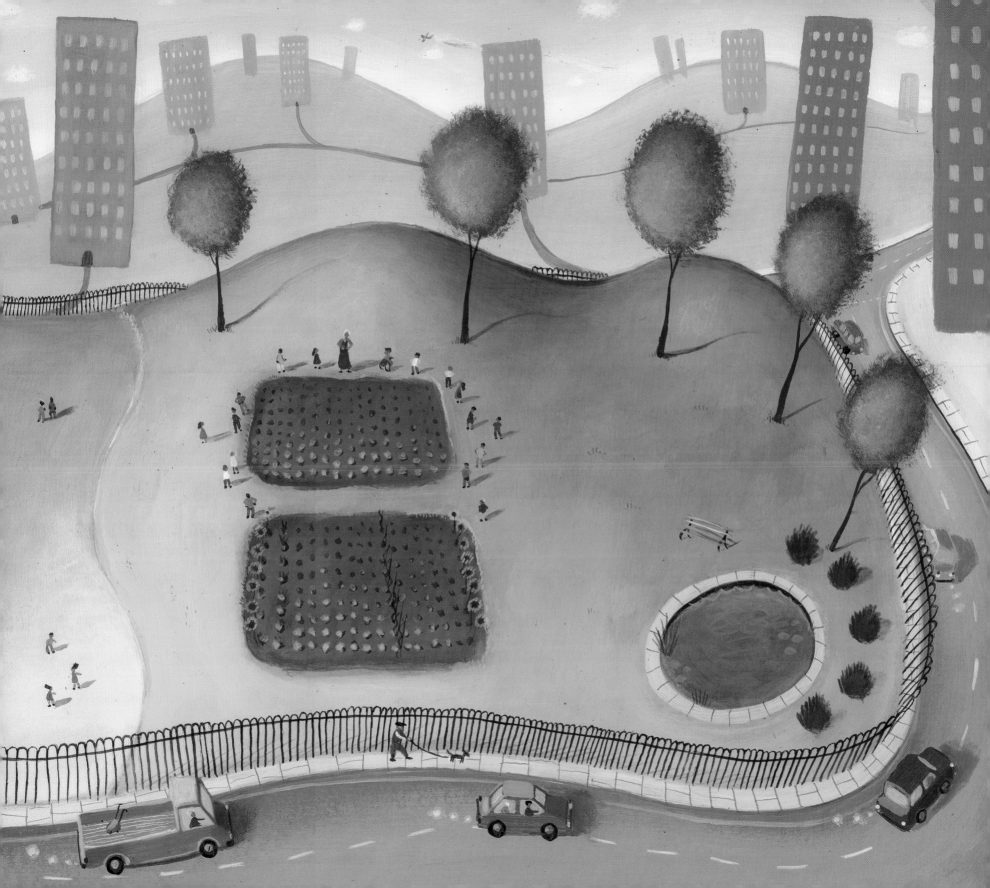

Cette année, ils décidèrent de faire pousser

This year they decided to grow

des laitues,

lettuces,

des radis,

radishes,

des carottes,

carrots,

des tomates,

tomatoes,

des tournesols,

sunflowers,

des petits pois

peas

et des navets.

and turnips.

Au début du printemps, les enfants ont préparé
la terre en retournant et ratissant le sol.

In early spring the children prepared the ground by digging and raking the soil.

Plus tard dans le printemps, quand il n'y avait plus de danger de gel, ils ont planté les graines.

Later in the spring, when there was no danger of frost, they planted the seeds.

Pendant l'été, les enfants ont nourri
et arrosé les plantes.
Et retiré les mauvaises herbes.

In the summer the children fed
and watered the plants.
And pulled out all the weeds.

Quand les enfants sont revenus, après les vacances d'été, ils trouvèrent que tous les fruits et les légumes avaient grandi.

When the children came back, after their summer holiday, they found that all the fruit and vegetables had grown.

Mais quand ils virent le navet, ils pouvaient à peine en croire leurs yeux! Il était plus grand qu'une giraffe, et plus large qu'un éléphant.

But when they saw the turnip, they could hardly believe their eyes! It was taller than a giraffe, and wider than an elephant.

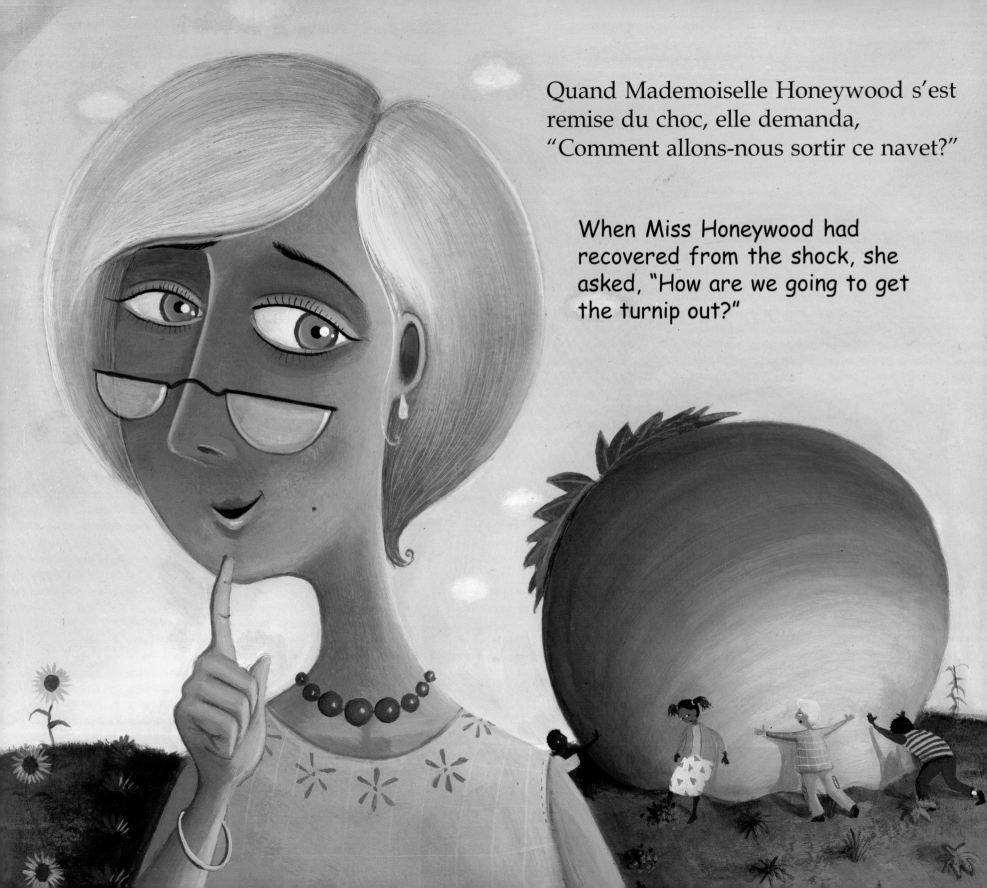

Quand Mademoiselle Honeywood s'est remise du choc, elle demanda, "Comment allons-nous sortir ce navet?"

When Miss Honeywood had recovered from the shock, she asked, "How are we going to get the turnip out?"

"Je sais, nous pourrions le tirer avec un hélicoptère," a dit Kieran.

"I know, we could get a helicopter to pull it out," said Kieran.

"Ou bien nous pourrions le soulever avec une grue," a suggéré Tariq.

"Or we could get a crane to lift it," suggested Tariq.

"Ou bien un bulldozer
pour l'arracher," a dit Kate.

"Or a bulldozer to dig it up,"
said Kate.

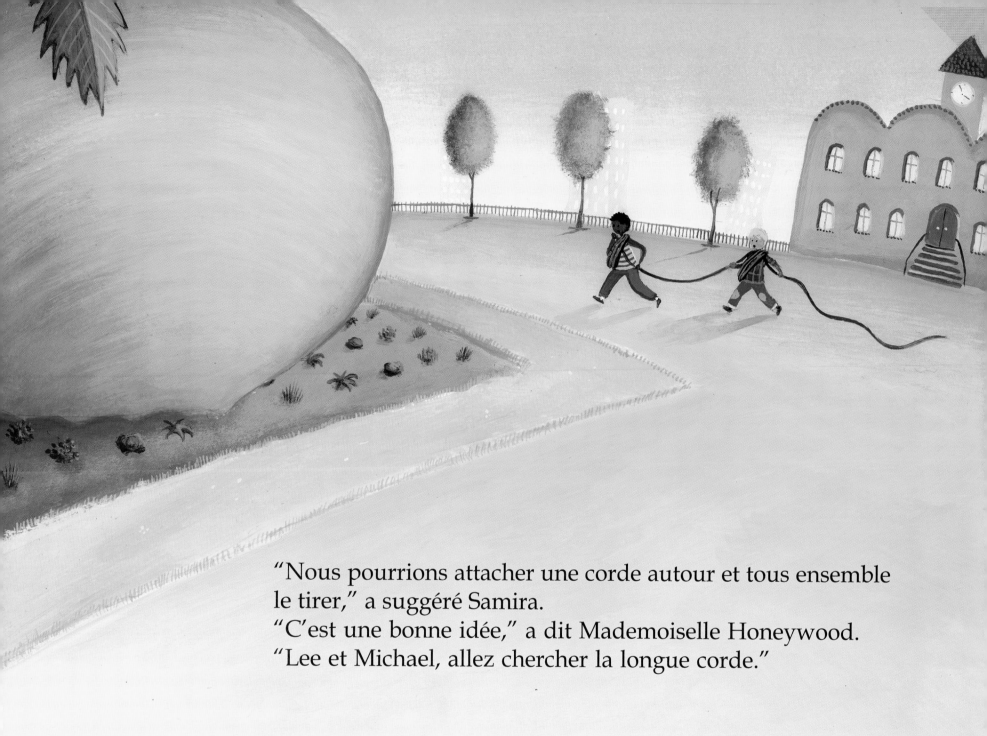

"Nous pourrions attacher une corde autour et tous ensemble le tirer," a suggéré Samira.
"C'est une bonne idée," a dit Mademoiselle Honeywood.
"Lee et Michael, allez chercher la longue corde."

"We could tie a rope around it and all pull together," suggested Samira.
"That's a good idea," said Miss Honeywood. "Lee and Michael, go and get the long rope."

Les enfants ont attaché la corde autour de l'énorme navet. Les garçons ont empoigné la corde en premier. Ils ont tiré et tiré de toute leur force, mais le navet ne bougea toujours pas.

The children tied the rope around the enormous turnip. The boys grabbed the rope first. They pulled and pulled with all their strength but nothing happened.

"Nous sommes plus fortes que les garçons!" ont crié les filles, et elles ont empoigné la corde. Elles tirèrent et tirèrent de toute leur force, mais le navet ne bougea toujours pas.

"We're stronger than the boys!" shouted the girls and they grabbed the rope.
They pulled and pulled with all their strength but still the turnip would not move.

"Essayons tous ensemble," a suggéré
Mademoiselle Honeywood. "A trois."
"Un, deux, trois!" ont crié les enfants, et
ils ont tiré tous ensemble.

"Let's all try together," suggested Miss Honeywood. "On the count of three."
"One, two, three!" shouted the children and they all pulled together.

Mais le navet ne bougea toujours pas.

But the turnip still would not move.

A ce moment-là Larry est arrivé.
"Larry!" a crié Tariq. "Nous avons besoin de ton aide!"
Larry courut au bout de la file et attrapa la corde.
"Un, deux, trois!" ont crié les enfants et ils ont tiré tous ensemble.

Just then Larry arrived.
"Larry!" shouted Tariq. "We need your help!"
Larry ran to the end of the line and grabbed the rope.
"One, two, three!" shouted the children and they all pulled together.

Le navet a vacillé d'un côté et de l'autre, et puis doucement bougea.
Ils tirèrent encore plus fort, et enfin le navet pivota et roula sur l'herbe.
La classe acclama et dansa autour avec joie.

The turnip wobbled this way and that, and then it slowly moved. They pulled even
harder and at last the turnip rolled out of its hole and onto the grass.
The class cheered and danced around with joy.

Le lendemain pour le déjeuner, la classe de Mademoiselle Honeywood a eu le plus gros festin de navet jamais vu, et il en resta assez pour toute l'école.

The next day for lunch Miss Honeywood's class had the biggest turnip feast ever and there was enough left over for the whole school.

To Mum, Dad, Maggie & Ben
H.B.

For Sushila
R.J.

First published in 2001 by Mantra Lingua Ltd
Global House, 303 Ballards Lane
London N12 8NP
www.mantralingua.com

Text copyright © 2001 Henriette Barkow
Illustration copyright © 2001 Richard Johnson
Dual language copyright © 2001 Mantra Lingua Ltd
This edition 2007

A CIP record for this book is available from the British Library